물구나무서기

지성 · 감성의 메타언어
조선문학시인선 · 334

물구나무서기

남 상 아 풍시조 시집

조선문학사

▌책머리에 / 시집을 내면서

전갈처럼
꼬리를 바짝 올리고
물구나무를 서면
세상이 더 아름다워져요

혈압이 상승
얼굴이 붉어지고
힘겨워 땀이 나도
정신이 맑아지고
세상이 신비로워져요

시 쓰기는
물구나무서기
힘들어
가던 길 멈출까 해도
아니면 무엇을 하나요

오늘도 전갈처럼
꼬리를 바짝 올리고
물구나무를 서지요

2013년 初夏
남상아 쓰다

물구나무서기

차례

묻지마 살인

라이터 기름으로 불 질러놓고
연기 피해 나온 사람들 회 칼질한 고시원 엽기사건
양극화 시대에 독오른 화 이렇게밖에 풀 수 없는 건지

암 · 1

돈이 곧 암이란 걸 증명하듯 어떤 공무원
보조금 지급받게 해준다고 500만원 받았고
요양원 허가 받아준다고 7000여만원 챙겼는데 그게 곧 암인 것을

암 · 2

화물차업계에 지급된 유료보조금 3조 2000억원 중
8600억이 영수증 부풀리거나 거짓꾸며 타간 것으로 추정
쇠파리 잡기 전에 부엌 쥐부터 잡아야 순서

석면 공포

광산 인근에 살고 있는 충남 5개 마을 주민
절반가량이 석면 노출 후유증에 시달리고 있다데
250명 X-레이 촬영결과 절반여가 폐와 흉막 폐섬유화

멜라닌

연한 새순 햇볕 빨아 살쪄 가는데
쥐약 같은 독약 멜라닌을 먹였겠다
목숨이 위태로운데 어찌 꽃피기를 바라랴

지구 온난화의 주범은?

가축 트림 메탄은 이산화탄소의 23배
분뇨에서 발생되는 이산화질소는 296배로
전 세계 모든 교통수단이 배출하는 13.5%보다 훨씬 크다니

철새 줄초상

인천 외암도 유수지 시화호 철새 떼죽음
수질 토양 오염 세균의 이상 증식이 원인
날은 저물고 어둠은 우리를 휩싸고 도는 사양이 두려워서

폰지 사기

고수익 내세워 투자자 끌어 모아
나중 투자자 원금으로 앞사람의 수익금 지급하는 사기 수법
이 짓을 왜 하는지 도무지 모르겠네 이 돌대가리는

비상구

돈 거래는 신용이 담보

투자가가 금융기관 못 믿고 시장이 정부 못 믿는 총체적 불안

弗信과 不信은 같은 말이 아닌데

버핏 효과

미국의 투자 귀재 워런 버핏
남들이 두려워할 때가 탐욕을 부릴 때라고
주가 세 자리 수로 내려앉자 株式을 主食으로 먹데

아! 아이티 · 1

지진 48시간만에 신속 항공 도착 일본
뒤이어 미, 독, 프랑스 8개국과 함께 굴착기도 도착
그 다음쯤 도착했더라면 코리아도 선진국 대열에 있을텐데

아! 아이티 · 2

배고픔과 공포 참사에 눈 뒤집힌 아이티 사람들
먹고 살아남기 위해 살인 노략질도 불사
보라고, 법과 질서가 무너지면 동물세계로 변한다고

기부문화 · 1

청소년 보호위원장 박명윤씨 버스 지하철 구내식당 이용하면

하루 용돈 5천원 한 달이면 2백, 5년이면 1억

수혜 장학생이 논문 들고 찾아오면 팔순 주름도 활짝 펴져

기부문화 · 2

우리도 선진국들처럼 노블레스 오블리주
지도층의 소득순위대로 소비대신 기부문화 활성화 해야
헌데 서민 소액기부는 높은 반면 부자 고액투자는 낮은 편이라니

외고 · 1

저절로 난 월가와 직행인 고속통로
기러기아빠들 숨통 틔었네
비온 뒤 땅도 굳고 꼬맹이들 외국 살이도 좀 면하고

외고 · 2

가짜 평준화 산물로 저절로 자란 태극의 꽃
바짓가랑이 잡아 묶고 같이 놀자고?
모가지 긴 사슴은 그대로 기르는 게 평준화 아냐?

신종 플루 · 1

뉴스 시간마다 부채질만 하지말고
불안 공포에 떠는 민심 안정이 급선무
이러다간 플루보다 공포의 풀무질에 지레 질식할 판

신종 플루 · 2

중고생들 신종 플루 괴담 확산
백신 맞으면 죽는데, 요것들 하라는 공부는 안하고
제2의 쇠고기 촛불시위 재판하고 싶은 거여 뭐여

신종 플루 · 3

국내 신종 플루 환자 5만을 넘어 증가 추세
너나없이 살얼음판에서 속을 태우는 사람들
얼음과 불로 갈리었으나 오랜만에 한마음 된 4천만

신종 플루 · 4

지구촌을 완전 장악한 피 한 점 안 흘리는 게릴라 전법으로
남녀노소 양민 없이 무차별 사살
만세 부르고 치닫는 해일 쏟아져 내리기도 잠깐

신종 플루 · 5

귀신보다 더 무서운 건 공포 방송 쏟아내는 바보상자
악악 소리 지르고 보는 공포영화보다 더 소름 끼쳐
정신 차리고 보니 별 것도 아닌 독감 형제뻘

신종 플루 효과

나들이 회합 등 줄어드니 연말도 썰렁할 판
교통사고 식중독 결막염 줄어드니 그나마 다행이나
요놈의 신종 플루는 언제나 물러갈지

성매매 경찰

고양이에게 생선가게를 맡겨놨나?
늘고 있는 경찰 성매매 사건
떡을 하나 더 줘야 하나, 매를 곱빼기로 쳐야 하나?

갈팡질팡 외고 정책

스포츠 응원부대 붉은 악마 탄생하듯
자연발생 외고 세계 지성과 어깨 겨룬 지름길
기러기아빠, 가정파탄, 고학생구제, 경제절약 효과만점이네

용산 역세권 개발부지

용산! 이름만 들어도 고개가 절레절레
개발을 하자니 전면적 80%가 산업폐기물 암덩어리
암덩어리 치우기에 천억원이 든다니 배보다 배꼽이 더 큰 셈

세종시 · 1

예나 지금이나 기둥 하나 굳게 세우면 탈이 없을 것을
제 밥그릇 챙기기 바빠 이리 기웃 저리 기웃대다가
주춧돌도 놓기 전에 무너지는 꼴이라니

세종시 · 2

어디 점잖으신 세종이 문제인가
이래도 절래 저래도 절래 도리질 하는 쇠통 채운 마음이 문제지
세종이야 언제나 치면 울리니 쇠종도 되고 새종도 돼지

하토야마

중국과 신뢰 관계를 쌓는 것이 나의 사명이라니
설마 일어 번역이 잘못된 것은 아니겠지
아무리 급했기로서니 손잡자마자 밀월이라니

대학등록금

해마다 오르고 오를 때마다 데모 대상인 등록금
욕심껏 받아 건물 늘리고 뱃살 불리는 대학들
갖은 학문 다 가르치면서 비만이 병이란 처방전은 안가르치나

북한 핵

쇄국정책 대원군처럼 문 꼭꼭 걸어 잠그고
굴 속에서 두더지처럼 핵핵거리며 묶고 핵만 만들더니
핵으로 한몫 보자는 심보, 핵으로 폭발하면 어쩌려고

얼짱보다 정신을

남녀노소를 막론하고 얼짱 몸짱을 좋아하는 세태
팔 없는 찐빵, 속 없는 만두 뭣에 써
등신불이라도 정신이 햇살 같아야 하는 것을

한심한 국회

세계적 경제위기 남북관계 중국 등
머리 싸매도 풀기 어려운 난제들 산적해 있는데
깽판에 난투극에 최루탄 투척까지, 살자는 거여 말자는 거여

새옹지마

내 젊은 날 버스 안 자리 양보 단골이었거든
무릎 관절 염치없어 자리 양보 고마워라
시집도 상으로 주니 착한 일 할만하지

이런 것 일본에 배우지

일본인보다 30~40배나 높은 경범죄 현황
축구나 야구 스포츠만 일본을 이기려 열광하지 말고
경범죄, 축구하듯 차버리든지, 야구하듯 홈런 까버리든지

인간은 진화야

지구촌에 백수(白手)가 늘어나 근심이야
강진에 시달리는 아이티와 중국 좀 봐
며칠 굶더니 백수(百獸) 되던걸

정치 고수 MB

선진화도 좋고 4대 강도 좋지만 일방 독주는 금물
나무에 올려놓고 나무를 흔드는 것은 더욱 금물
무엇이나 반복된 이미지는 현실이 되거든

통일

폐쇄적이 아닌 열린 민족주의 정서라야
나라 지킬 수도 통일 이룰 수도 있다는 설
세계가 비빔밥이 다 됐는데 남북만 외톨이 밥상

미운 시뉘

때리는 시어머니보다 말리는 시뉘가 더 밉다던데
천방지축 염치코치 없이 날뛰는 북, 나무라기는커녕
감싸기만 하고 묵인하는 시어머니 같은 중국

평화 순위

평화순위, 뉴질랜드, 아이슬란드, 일본은 상위권
소말리아, 이라크, 아프가니스탄은 꼴지
149개국 중 남한 43위, 북한 139위라니 이웃 일본이 부럽다

막걸리

세계로 뻗어나가는 동동주 풍년주 쌀 막걸리
새마을 운동이 세계 각지에서 각광 받듯
희나 검으나 막걸리 맛 빛광자로 즐겨

노사관계

실직 400만 세태의 주먹질 붉은 띠 부끄럽지도 않나
언제까지 나라 사회 경제 안정 나 몰라라 할 것인가
36년 일제 압제도 옛 이야기, 천안 삼거리 흥이나 안될지

가시울타리 안 둘렀건만

너나없이 세계를 여행하며 누비고 다니는 세상인데
이마 맞댄 지척의 북녘 땅은 언제나 오고 갈꼬
가시울타리 안 둘렀건만 뚫을 수가 없어서

아이티 풍경

온통 뒤집힌 땅과 건물 사람의 아수라장
검은 흙 검은 과자 얼굴에 검은 파리떼까지
50년대 우리의 모습이 자꾸 겹치는 안타까운 풍경

301번 헌혈한 사람

51살의 김용길 씨 16살 때부터 시작한 헌혈 35년
1년에 8.6회 헌혈 정년 70세까지 계속 할 것이란다
헌혈 광고인으로 상장감인데 피 값이 뭣값만 못해서

학력 인플레 잡아야

박통 때 시도했다 중단된 실무기능 우대 세상
40년 지난 지금도 말뿐이니 허사임이 분명
바다에 파도가 왜 맨날 치는지 알 것 같아

세계 속의 한국

OECD 국가 중 자살률이 1, 2위 놓친 적 없는 한국
소득 불평등도 2번째 서열이면 매한가지
매한가지 아닌 것도 있지, 복지투자, 독서부다는 꼴찌거든

촛불

생일 축하파티 때, 제사 올릴 때, 염불할 때
마음 밝히듯 켜는 촛불은 봤어도
쇠고기 때문에 촛불 켜다니 쇠고기 파티야, 쇠고기 젯상이야

새 다짐

6 · 25, 60주년 기념행사를 보고도
나 잘났네 너 잘났네 닭싸 하듯 쌈박질만 즐길텐가
나라가 망하면 너나없이 개죽음, 노예신세 못 면하는 것을

여행

과거의 여행은 순례자나 유목민인 바보들의 몫
지금은 집을 팔아서라도 떠돌고 싶은 집시들 세상
세상 따라 그런지 나랏님도 뻔질나게 나들이 즐기시고

복지 포퓰리즘 · 1

무상급식 무상의료 무료면 다 좋지
좋은 것 좋아하다 막 퍼주고 당하면 안 줌만도 못해
좋건, 안 좋건 남의 일 아닌 우리 일이 그래서

복지 포퓰리즘 · 2

어른 아이 없이 비만으로 고생들 하는 대한민국 국민
공짜라고 너무 탐식한 거 아녀
제 것 아니라고 퍼준 것도 그렇지만 식욕 좋은 포식도 문제여

새 헌법

한나라당 의원 148명 중 50명
민주당 의원 75명 중 24명 군 미필자
군 미필이면 결함있어 면제됐단 뜻인데 그래도 금배지 달았으니

청목회

약육강식의 동물세계
당연한 자연법칙을 실천하시며 즐기시는 양반님들
세세토록 보존하시와 세세만년 누리소서

눈 감고 아옹

OECD 국가 중 민간 신문 발행부수 상위권
허풍선이 같이 많기만 하면 뭘 하나
멱살정치 살인강도 어린이 성범죄 천국 자랑만 펼쳐논걸

자그마치 잡수셔

멕시코·일본·캐나다를 제치고
미국산 쇠고기 최다수입국 된 코리아
자그마치 잡수셔, 그러다 마음에 황달기 들면 어쩌시려고

패고가 폐교되면 어쩌려고

선생이 학생을 패고, 학생이 선생을 패고
패고 패다 학부형이 선생을 또 패고
패고 패고 패다가 패고가 폐교가 되면 어쩌려고

선거철

전 노정권 땐 천도 약속으로 표밭 가꾸더니
이번엔 반값 등록금에 무상급식까지
얼씨구, 1년에 한 번씩 선거하면 살판나겠네 살판나

코리언들

전 재산 99%를 기부하고 알거지가 된 워런 버핏
트레이닝 차림 운동화에 싸구려 숙박 즐기는 세계 갑부
기부란 단어 알면 그래, 모르면 코리언들처럼 명품만 즐기시고

상판대기라니

작년 성인 소주 음주량 두당 68병, 맥주 105병
얼잡아 1년에 소주 30억병 마셨을 거라니
취한 건 좋지만 주정에 찌그러진 꼴사나운 코리언 상판대기는 어쩌

재미동포들의 파워

미하원 스티브 로스맨 의원, 한인 외면했다 한인유권자 단결에 굴복

내게 표를 주면 한인사회 위해 일하겠다 기자회견

암, 그래야지, 코만 크면 뭘해, 작은 고추 맛도 매운 줄 알아야지

생선 지키는 법을

사랑의 열매, 기부 받은 상품권 30매 증발
아이티 돕자고 모금한 성금 정기예금 해 이자 불리고
봉사단 호텔 유숙비로 썼다니 十자가 팔아 호강한 셈

고장 못 면해

제주는 올레길, 지리산은 둘레길, 괴산은 산막길
걸어서 좋고, 눈요기해서 좋고, 건강에도 좋은 길은 굽은길
굽은길 피해 직선만 좋아하다간 KTX처럼 고장 못 면해

공자금

눈먼 돈이라는 공자금
고사떡 팥고물인가 너도 먹고 나도 먹게
나라살림꾼이 마스크도 안 쓰고 도둑질이니 뉘게 살림 맡길꼬

국회 의사당 · 1

랑들이 날마다 모여 하는 일이 밀고 댕기고 멱살 잡고 쌈질이니
낯 뜨거워 어디 얼굴 들고 살겠나
국회만 쳐다보면 성한 자도 울화병자 못 면하니 어쩌

국회 의사당 · 2

망치 쇠파이프 난투극에 점거농성의 난장판
역사 한 페이지 또 먹칠하는구먼
이러니 정치 전망페이지 새까만 먹물 어둠 칠할밖에

국회 의사당 · 3

막가파 과격파식 떼법 공권력 법치주의 파괴
머리에 붉은 띠 두르고 농성하면 일은 언제 해
일 안하고 잘 사는 나라 있으면 나와 보라고 해

행복지수

행복지수 코스타리카 1위 한국 68위 일본 75위 미국 114위
부자나라일수록 뒤로 밀려 꼴지 못 면하니
하나님 부처님 나 이럴 때 헷갈려

비뚤어진 양심 성형이나 하시지

너나없이 얼짱 몸짱 성형수술로 거듭 태어나던데
얼굴 변하면 뭘해, 속빈 강정인데
모두들 삐뚫어진 양심 성형이나 하시지 그래

신종 플루와 칠레 지진

손을 씻고 씻으면 백수(白水)가 되지
오랜만에 검은 손 흰 손 되는 줄 알았더니
웬걸, 손 대신 양심에 털난 백수(百獸)가 돼버렸으니

설경에 취해

아름다운 설경에 취해 설산을 올랐다가
돌아오는 길을 영 잃었으니 이를 어쩔꼬
허긴 설산뿐이겠는가, 백주 대낮에도 길 잃고 헤매고들 있는데

자연이 스승

잠시도 쉬지 않고 출렁이며 일하는 바다
몸은 늙어가고 시집살이는 젊어진다는 인생살이
바다가 왜 밤낮없이 출렁이는지 그걸 일러주는 자연은 스승

판 깬 판사

골머리 싸매고 피워낸 어사화
공부는 천잰데 품행 인격은 둔잰가
빙빙빙 돈 것도 아니고 성추행에 어사화 꺾여 넘어지다니

팔당물

대장균 25배 암모니아 2배쯤이야 염소 더 풀면 되고
똥물이 9일째 흘러들어봤자 양이 적기 때문에 문제없단다
옛말에 제 똥 3년 안 먹으면 죽는다더니 틀린 말 아니었네

선진국 부자들

프랑스 부호 16명이 특별기부세 신설 정부에 요청
미의 워런 버핏이 부자들의 증세 주장
이게 자본주의 시장 경제의 꽃이야, 아름다운 꽃

일본 야욕

지진 쓰나미 방사능 피해 지옥불 속에서도
독도 독도 하는 걸 보니 정말
도독 도독 도둑 심보 훤히 보이네

하늘의 별

초등학교 교사 90%가 여 선생님
체육도 안 하는데 남교사가 뭐 필요할까마는
허긴 여성상위시대 그러다 학생들 죄다 여성닮아가면 어쩌지

갈치 일본산

쉬쉬 하면서 오가는 일본산 갈치
밀수로 왔다가 수출로 돌아가는 생선
허긴 밀수가 대세인 세상에 갈치라고 못할것 없지

지구

오염되어 상처받고 병들어 신음하는 생명체
폭풍 지진 해일 못 견뎌 화산으로 토해내는
인간들의 죄상이 낱낱이 드러나는 지구는 치부 열전

베이징 탈북자

이 대통령과 후 주석의 핵안보 정상회의로
3년 여 묶였던 탈북자가 3월 말이나 4월 초 풀린단다
만나 대화하면 풀리는 것이 인지상정 북과는 이 이치 언제쯤 통할까

동서남북

아비는 북에, 어미는 남에, 아들은 중국에
한 가족이 동서남북으로 흩어져 그리워 우는 한국인
다시 만날 날을 위해 떠도는 철새들의 외로운 눈물

부탄

국민 총생산보다
국민 행복지수가 더 중요하다고 주장하는 나라
탄소 배열 방법 따라 다이아, 검댕이 된다는 저자

카타르다

모래 밑에 어마어마하게 매장된 천연가스 덕에
졸부가 된 카타르다
황금으로도 안 되는 문화는 양복에 갓 쓴 꼴

최진실

진실이냐 허구냐 놓고 갈등 끝에 간 진실
참기름에도 물을 타 희석시키는 세상에
나훈아처럼 역수라도 쓰면 될 것을 자살은 왜

고가 휴대폰

삼성의 전면 터치스크린 기능 정착한 제품 67만 원
햅틱폰 70만 원 햅틱2는 80만 원 국내 시장 1위
부익부 빈익빈 휴대폰 켜보면 알지롱

배꼽축제

한반도 동쪽 끝은 울릉군 독도, 서북은 북한 용천군 마안도
남쪽은 서귀포 마라도, 한반도 정 중앙은 강원 양구 남면 도촌리
배꼽으로 알 난대요 많이많이 구경 오세요

콘돔 지급 성교육

종묘공원은 어르신 4천 명이 찾는 소일 공간

박카스 아줌마 50여 명의 활동무대

매독 양성 반응자 다수가, 비 오면 삿갓 쓴대요

사람 · 1

사람은 누구나 자기도 모르는 사이에
잘못하기도 하고 잘하기도 하면서 살아간다
잘하는 것에서 잘못하는 것을 빼면 몇 점이나 남을까

사람 · 2

그에게도 그런 슬픔과 아픔이 있었구먼
1억짜리 마사지 속에 이슬방울이었구먼
세상 이치가 다 그래 빛과 그림자

눈앞 깜깜

중학생이 도둑질을 하고 디도스 혼란을 주고 친구에게 폭군이고
네 집 자식이나 내 집 자식이나 뱅뱅돌이야
허리 굽은 싹이 커지면 곧아질는지 눈앞이 캄캄

동량 구함

나라를 구할 동량이 나와야 하는디 눈 씻고 봐도 없고
집안싸움에 부정부패 권력 동냥질에 난투극
세계는 남극개발, 일·중은 독도 이어도 날름날름, 어디 동량없소

쓰레기

종량제 실시한 지가 아마 10년은 됐지
주부들은 일상을 쓰레기로 시달리는데
그 쓰레기 집안만이 아닌 정치쓰레기도 골치인 모양이데

분통+분통=쌍분통

제주 해군기지를 해적기지라는 진보당 비례대표 경선후보
내 아들이 소말리아 해적이야 천안함 45명 부모님 분통
표에만 정신 팔려 안보 눈감는 어리석음에 국민은 분통

1억 기부(아너소사이어티)

우리나라도 선진국형 기부문화 출범

30억 미만 부자들 10명 중 6명이 어릴적 가난 경험

5명 중 1명이 고졸 1만 원 기부 시작은 천리길도 한걸음부터

이어도

중국이 욕심내는 한국의 이어도
예쁜 여자만 보면 제 마누라라고 한다는 짱꼴라가
일본을 닮았는지 섬만 보면 욕심을 내니 닮을걸 닮아야지

구멍

청와대, 남북 경계선 등 여기 저기 뻥뻥 뚫리어
국민 소통으로 이어지면 좋으련만
옥죄이는 갖가지 불안 심리 어디 하소연하나

작은 결혼식

식 때마다 쓰레기로 쌓이는 화환 거두고
각계각층에서 호응 화답해오는 알찬 마음들
이제라도 진솔한 삶 샘물처럼 퍼 올려 보자구요

성폭행

세 살 여아 성폭행범에게 형량 고작
15년형이라구요?
선진국들 같으면 150년쯤 때리지 않았을까요?

■ 시집평설

풍시조의 시법, 충실히 실천

박진환

(문학평론가 · 문학박사)

1. 前提

諷詩調란 새로운 장르가 대두된 뒤로 여러 시인들에 의해 풍시조 시집이 상재되었다. 그만큼 풍시조에 대한 관심과 함께 풍시조에 대한 매력과 애정을 가지고 있었기 때문일 듯싶다.

그렇다면 풍시조의 매력은 과연 무엇이고 무엇이 애정을 갖게 했을까에 대한 의문이 제기될법하다. 이에 대한 답은 다음 몇 가지로 제시될 수 있을 듯싶다.

첫째 풍시조의 매력은 뭐니뭐니해도 순수한 통징을 감행함으로써 체험되는 카타르시스에 있지 않을까싶다. 도처에

만연한 부조리·비리·악행 등을 직시하면서도 무기력할 수밖에 없는 시인들은 달리 대처할 수단을 갖지 못한다. 오직 시가 무기이고 수단으로서의 디펜스메커니즘이 되어줄 뿐이게 된다. 그 때문에 문화적 징벌을 감행할 수밖에 없고 이렇게 해서 감행된 징벌이 곧 시의 복수인 통징이다.

주지하다시피 통징은 그 앞에 '순수한'이란 전제가 붙음으로써 복수의 수단이 물리적이나 법적 힘에 의한 것이 아니고 문화적, 곧 시로써 감행한 복수이게 된다. 이 복수를 두고 혹자, '시에 무슨 복수냐?'란 저항 내지 거부감을 가질지 모른다. 그러나 그렇지가 않다. 복수의 대상이 부조리·비리·부정·부패를 비롯한 온갖 악행에 가해짐으로써 악을 도려내 선에 이바지하려 하고, 악을 개선, 교정하고자 함으로써 감행하면 감행할수록 다다익선, 곧 사회적으로 유용하게 된다. 그리고 이 유용한 다다익선이 통징의 시적 효용이고, 이 효용이 체험하게 해주는 카타르시스다.

두 번째로는 3행이라는 극도로 축약된 표현 속에서도 상반·상충되는 대립적 두 요소를 병치시켜 갈등과 긴장을 고조시켰다가 이를 화해로운 관계로 합일, 시의 새로운 질서를 이끌어 냄으로써 체험하게 되는 긴장과 이완의 상충효과를 들 수 있을 것으로 본다. 그리고 여기에서 상반·상충의 병치가 곧 양극화이고 이 양극화를 합일시켜 새로운 질서를 이끌어내는 것이 컨시트다. 이 점에서 양극화와 컨시트는 풍시조의 매력 중의 매력 포인트라고 할 수 있다.

세 번째로는 위트가 보여주는 재빠른 이동과 전환의 순발력과 펀·골계·아이러니 등의 지적 조작이나 언어적 용법의 언술이 체험하게 하는 쾌감을 들 수 있었다고 본다. 3행의 시를 통해 체험하게 하는 지적 광채와 촌철살인과 같은 날카로움이 체험하게 하는 충격적 전율도 따지고 보면 컨시트의 시적 효용인데 이상 세 가지 매력은 풍시조가 아니면 체험할 수 없는 매력이라고 생각된다.

이러한 매력으로 다가오면서 애정을 갖게 하는 것이 풍시조이고 이런 매력과 애정에서 시를 출발시킨 시인이 남상아 시인이다. 남상아 시인은 풍시조를 통해 데뷔한 풍시조 시인 1호가 된다. 그 때문에 이번에 상재한 풍시조 시집 『물구나무서기』 는 각별한 의미를 지닌다고 할 수 있다.

2. 다양한 풍시조 시법 돋보여

풍시조 시집 『물구나무서기』 에는 1백여 편이 넘는, 데뷔 이후에 쓴 풍시조가 수록되어 있다. 비교적 풍시조 시법에 충실한 시편들은 그런 풍시조의 매력에 값하는 양극화·컨시트·펀을 비롯한 통징의 감행으로 고른 수준을 보여주고 있는데 이들 시편들을 제시, 구체화 했을 때 풍시조 시집 『물구나무서기』 의 시세계는 보다 극명해질 것으로 여겨진다.

2-1. 양극화의 시편들

주지하시다시피 양극화는 상반·상충의 이질적 두 요소를 지니게 된다. 그 때문에 대립적 병치가 체험하게 하는 갈등과 긴장이 있기 마련이다. 양극화의 시적 표정은 이를 보여주고 있는데 시를 제시했을 때 이해를 도울 것으로 본다.

가) 행복지수 코스타리카 1위 한국 68위 일본 75위 미국 114위
부자나라일수록 뒤로 밀려 꼴지 못 면하니
하나님 나 이럴 때 헷갈려

나) 어른 아이 없이 비만으로 고생들 하는 대한민국 국민
공짜라고 너무 탐식한 거 아녀
제 것 아니라고 퍼준 것도 그렇지만 식욕 좋은 포식도 문제여

다) OECD 국가 중 자살률 1, 2위 놓친 적 없는 한국
소득 불평등도 2번째 서열이면 매한가지
매한가지 아닌 것도 있지, 복지투자, 독서부다는 꼴찌거든

예시 가)는「행복지수」, 나)는「복지 포퓰리즘·2」, 다)는「세계 속의 한국」의 각각 전문이다. 예외 없이 예시마다 상반·상충의 대립각이 맞물려 있어 팽팽한 긴장을 유지하고 있다. 이른바 테이트가 피력했던 텐션이나 리처즈가

두 극적 요소를 한 테두리에 묶어둠으로써 수반하게 했던 긴장은 표현은 각기 달라도 양극화와 그 맥락이 잇대어 있는 것으로 풀이해 볼 수 있다.

예시 가)에서 '행복지수'의 등위가 보여주듯 선진 부자나라일수록 꼴찌 못 면하고 반대로 개도국이 1위에 올라 있는데 이는 시로 상반·상충되는 양극성을 보여주는 것으로서 양극화의 단면을 제시해주는 것이 된다.

예시 나)에서 '공짜'와 '비만', '퍼준 것'과 '포식'도 서로 상반되는 대립성의 양극화다. 그런가 하면 예시 다)에서 '1위'와 '꼴찌;'도 상반의 양극화를 보여준 것으로서 예시마다 그 골격을 양극화로 유지하고 있다. 이는 풍시조가 양극화를 기축으로 하고 있음을 말해주는 것으로서 예시만이 아니라 수록시 대부분이 시적 골격이 양극화로 구축되어 있다.

앞서 언급했지만 양극화는 두 대립적 요소가 병치됨으로써 상반·상충을 필연화 하고, 여기에서 반목·갈등이 유발된다. 그리고 유발된 갈등과 반목에 의해 팽팽한 긴장의 시가 아루어지고, 이 양극성의 대립을 괄호 속에- 묶음으로써 포괄의 시가 탄생되게 된다.

남상아 시인은 바로 이러한 양극화를 통해 텐션과 포괄이라는 두 마리 토끼를 한꺼번에 잡고자 했던 것이 되고, 이는 풍시조 시에 있어서의 대표적 시법이기도 하다.

2-2. 컨시트의 시편들

양극화의 대립과 갈등을 화해로운 관계로 합일시켜 시의 새로운 질서를 이끌어냄으로써 양극화를 극복하자 동원한 시법이 컨시트다.

컨시트는 단순한 기발한 착상이나 신기성으로서의 차원을 넘어 시법의 하나로 자리한 지 오래다. 컨시트가 시법이 된 데는 그럴만한 이유가 있다. 그것은 서로 대립된 양극으로서의 상반·상충의 갈등을 교묘히 합성 내지 합일하여 하나의 새 질서를 이끌어낸다는 시법으로서의 레토릭의 역할 때문이다. 컨시트가 기상·신기성을 넘어설 수 있는 것은 시법으로서의 역할 때문이다.

남상아 시인도 이런 차원에서 컨시트를 즐겨 시법으로 차용하고 있다고 보여진다. 시를 제시했을 때 이해를 도울 것으로 여겨진다.

가) 일본인보다 30~40배나 높은 경범죄 현황
축구나 야구 스포츠만 일본을 이기려 열광하지 말고
경범죄, 축구하듯 차버리든지, 야구하듯 홈런 까버리든지

나) 작년 성인 소주 음주량 두당 68병, 맥주 105병
얼잡아 1년에 소주 30억병 마셨을 거라니

취한 건 좋지만 주정에 찌그러진 꼴사나운 코리언 상판대기는 어쩌

다) 선생이 학생을 패고, 학생이 선생을 패고
패고 패다 학부형이 선생을 또 패고
패고 패고 패다가 패고가 폐교가 되면 어쩌려고

예시 가)는「이런 것 일본에 배우지」, 나)는「상판대기라니」, 다)는「패고가 폐교되면 어쩌려고」의 각각 전문이다. 예시들은 예외 없이 착상의 기발성을 보여주고 있는데 예시 가)에서의 엉뚱한 발상, 시행에 의하면 '축구나 야구 스포츠만 일본 이기려 열광하지 말고/경범죄, 축구하듯 차버리든지, 야구하듯 홈런 까버리든지'가 보여주고 있는 순간에서 순간으로 전환 내지 이동되는 발상의 역전, 혹은 도치는 일종의 순발력으로서 위트에 의해서만 가능한 컨시트의 역할이라고 할 수 있다.

예시 나)에서 음주량의 제시와는 전혀 상관성이 없는 '취한건 좋지만 주정에 찌그러진 꼴사나운 코리언 상판대기'는 의외의 발상을 보여주고 있다. 연상 상상으로는 이끌어 낼 수 없는 의외성, 당돌성이 안겨주는 발상의 충격, 이 또한 컨시트의 지적 조작이라 할 수 있다.

그런가 하면 예시 다)에서 '패고'라는 언어유희는 '패고'에서 유사 발음은 '폐교'로 전환 내지 이동시킴으로써 체험

되는 기발성 또한 컨시트에 값하는 것이다.

이와 같은 당돌성, 의외성으로서의 기발성, 이 기발성을 이끌어내어 재빠르게 전환 내지 이동시키는 순발력으로서의 위트, 위트에 의해서만 시법으로 쓰임하게 되는 지적 조작으로서의 컨시트는 확실히 시에 있어서의 발상의 전매특허 품쯤이 된다.

문제는 전매특허건 지적 조작이건 컨시트에 의해 상반의 이질적 요소가 결합 내지 합일되어 시의 새로운 질서를 이끌어낸다는 점이다. 그리고 이 점에서 컨시트는 언어유희의 사전적 의미를 초월하게 된다.

2-3. 펀의 시편들

다음으로 남상아 시인이 즐겨 쓰는 시법이 펀이 아닌가 싶다. 수록시의 대부분이 펀에 의해 언어 조작 내지 언어유희, 나아가 언어의 새로운 시적 역할에 충실하고 있는데 이 점 또한 시를 제시했을 때 이해를 도울 것으로 본다.

가) 지진 쓰나미 방사능 피해 지옥불 속에서도
독도 독도 하는 걸 보니 정말
도독 도독 도둑 심보 훤히 보이네

나) 손을 씻고 씻으면 백수(白水)가 되지
오랜만에 검은 손 흰 손 되는 줄 알았더니
웬걸, 손 대신 양심에 털난 백수(百獸)가 돼버렸으니

다) 쇄국정책 대원군처럼 문 꼭꼭 걸어 잠그고
굴 속에서 두더지처럼 핵핵거리며 묶고 핵만 만들더니
핵으로 한몫 보자는 심보, 핵으로 폭발하면 어쩌려고

예시 가)는「일본 야욕」, 나)는「신종 플루와 칠레 지진」, 다)는「북한 핵」의 각각 전문이다.

펀은 주지하시다시피 언어를 농하는 언어유희다. 그러나 풍시조에서는 단순한 언어유희가 아니라 언술 내지는 수작으로서의 언어를 다루는 기술이다. 곧 언어를 다루는 언술로서의 기술은 레토릭의 하나란 뜻이 된다.

예시 가)에서 '독도'가 '도둑'으로 배열에 따라 거꾸로 바꿔지는 순발력이나, 여기에서 나아가 유사 발음인 '도독'에서 '도둑'으로 전성되는 재치 있는 언어의 농은 분명한 언어유희로서의 펀이다.

예시 나)에서의 무위도식 하는 '白手'를 짐승스런 '百獸'로 이동되는 순발력에 의한 포착도 분명히 펀에 값하는 것이고 예시 다)에서 '핵핵'과 '핵'의 유사 발음을 빌어 역사적·현실적 상황들을 연계해석 하는 것도 틀림없는 펀이다.

문제는 펀의 이러한 레토릭으로서의 역할과 함께 이 역

할을 풍시조가 매우 즐겨 차용하고 있다는 점이다. 그리고 이러한 차용이 시의 언어적 효용이나 효용을 통한 설득력으로서의 즐거움을 체험하게 해준다는 점이다.

2-4. 통징의 시편들

모두에서 밝혔듯이 풍시조의 매력은 뭐니뭐니해도 순수한 통징에 있다. 통징의 시적 역할은 시의 복수, 곧 문화적 수단에 의한 악의 교정 내지 개선의 의도의 실현을 위한 시의 역할이다.

부조리 · 비리 · 부정 · 부패 · 악행을 비롯한 문명의 자연파괴에 의한 생태계의 위협, 과학의 발달에 편승한 핵의 위협, 힘의 논리를 앞세운 패권주의의 행패는 물론 양심 상실, 도덕의 몰락 등 모든 분야에 걸친 악에 감행하는 시의 복수로서의 통징은 풍시조의 생명이자 시법의 중심이 되어주고 있다.

시를 제시, 구체화 했을 때 역시 이해를 도울 것으로 여겨진다.

가) 종량제 실시한 지가 아마 10년은 됐지
주부들은 일상을 쓰레기로 시달리는데
그 쓰레기 집안만이 아닌 정치쓰레기도 골치인 모양이데

나) 한나라당 의원 148명 중 50명
민주당 의원 75명 중 24명 군 미필자
군 미필이면 결함있어 면제됐단 뜻인데 그래도 금배지 달았으니

다) 예나 지금이나 기둥 하나 굳게 세우면 탈이 없을 것을
제 밥그릇 챙기기 바빠 이리 기웃 저리 기웃대다가
주춧돌도 놓기 전에 무너지는 꼴이라니

예시 가)는 「쓰레기」, 나)는 「새 헌법」, 다)는 「세종시·1」의 각각 전문이다. 예시 외에도 수록시가 예외 없이 감행하고 있는 것이 시의 복수인 통징이다.

통징은 엄벌·징벌로서 이 엄벌이나 징벌이 물리적 힘에 의한 응징이 아니라 문화적 징벌이라는 데 있다. 문화적 징벌은 시로써 감행하는 복수가 되는데 그 때문에 '순수한'이란 전제를 통징 앞에 내세우고 있다. 순수한 통징은 시로써 감행하는 징벌, 곧 시의 복수란 뜻이다.

예시 가)는 '일상 쓰레기'와 '정치 쓰레기'를 대응시켜 정치적 난지도화를 비판·고발하고 있는데, 이러한 헐뜯기, 깎아내리기, 조소, 비판·고발하는 시의 기능이 곧 순수한 통징이다.

예시 나)에서의 군대도 안 갔다 온 선량들이 그래도 금배지를 달고 있는 현실을 꼬집는 '군 미필이면 결함 있어 면제 됐단 뜻'에서 읽을 수 있듯이 힘 있는 자들의 비리를

꼬집고 고발하고 있는 통징이다.

예시 다)는 자기중심을 잃고 사는 구심점을 상실한 현대인의 도괴 되어가는 삶을 신랄히 비웃고 비판하고 있다.

예시들이 보여준 이러한 비판·고발은 물론 헐뜯기, 깎아내리기, 비웃기 등은 각기 경우나 대상은 달라도 다 같이 시의 복수에 의한 통징의 감행이란 동류항을 지니고 있다. 남상아 시인은 바로 이러한 통장에서 시를 출발시켰다할 만큼, 수록된 시편들이 예외 없이 통징으로 일관된 시의 복수에 의존되고 있음을 보여주고 있어 풍시조의 시법 충실을 읽게 해준다.

3. 결어

이상의 지적들은 남상아 시인의 풍시조 시집 『물구나무서기』를 조명해본 것들이다. 그 결과 『물구나무서기』는 풍시조의 시법인 양극화·컨시트·펀·순수한 통징의 충실한 실천으로 보여지고 동시에 이 점이 남상아 시인이 시집 『물구나무서기』로 거둔 시적 성과라 할 수 있을 것 같다.

•

남상아 시인은 전라남도 구례에서 태어났다. 덕성여대 평생교육원에서 시창작을 수료하였고, 21C시학아카데미 회원이며, 조선문학문인회·운현시문학회 회원으로 활동하고 있다. 시집에 『마주 선 것들은 서로 닮아 있다』 와 『知命의 나들이』 가 있고 諷詩調 시집 『물구나무서기』 가 있다.

•

물구나무서기

2013년 6월 15일 인쇄
2013년 6월 20일 발행

지은이 / 남상아
발행인 / 박진환
펴낸곳 / 조선문학사
등록번호 / 1-2733
주소 / 110-092 서울 서대문구 홍제2동 96-4
대표전화 / 02-730-2255
팩스 / 02-723-9373

ISBN 978-89-98115-12-8

정가 10,000원